경남시인선 252

# 필 땐 아프고 질 때는 더 아프다

제차순 시집

도서출판 경남

시인의 말

제가 이 글을 쓴 것은 별 욕심 없이 잠 못 드는 밤을 지새우며 떠오르는 대로 펜을 들어 써 본 것이 한낱 시가 되었습니다.

본격적으로 시를 배운 것도 아니고 전문지식도 없어 생각나는 대로 낙서처럼 푸념처럼 혼자서 쓰다 말다 하며 모아둔 것을 주제넘게 한 권의 책으로 꾸며 보았습니다.

많이 모자라고 미흡하지만 여든의 긴 세월을 걸어온 촌로가 남기고 싶어 이 세상에 내어놓으니 너그럽게 봐주시고 많은 충고와 지도편달 기다리겠습니다.

감사합니다.

2025년 가을에
**제차순**

차례

시인의 말　　　　　　　　　　　　　3

## 제1부　필 땐 아프고 질 때는 더 아프다

낙엽 속 길 하나　　　　　　　　　13
필 땐 아프고 질 때는 더 아프다　　14
가을날　　　　　　　　　　　　　15
시간 주워 먹기　　　　　　　　　16
미운 짐　　　　　　　　　　　　 17
우리 마을 지킴이　　　　　　　　18
두고 온 고향　　　　　　　　　　19
친정집　　　　　　　　　　　　　20
거류산　　　　　　　　　　　　　21
설야　　　　　　　　　　　　　　22
길쌈　　　　　　　　　　　　　　23
풍경　　　　　　　　　　　　　　24
엄마의 노래방　　　　　　　　　 25

| | |
|---|---|
| 수련 | 26 |
| 무지개 | 27 |
| 초롱꽃 | 28 |
| 분수 | 29 |
| 모래성 | 30 |
| 민들레 | 31 |
| 늦가을 | 32 |
| 설날 풍경 | 33 |
| 시골 오일장 | 34 |
| 대답 없는 봄 | 35 |
| 만겹청산 | 36 |

## 제2부    무정한 봄

| | |
|---|---|
| 젊은 날의 약속 | 39 |
| 고성 제1의 못, 대가저수지 | 40 |
| 퇴근 도장 | 41 |

| | |
|---|---|
| 우수 절기 | 42 |
| 오디의 일생 | 43 |
| 달님과 별님 | 44 |
| 무정한 봄 | 45 |
| 할미꽃 | 46 |
| 가을비 | 47 |
| 겨울 단상 | 48 |
| 개망초 | 49 |
| 허무 | 50 |
| 길동무 | 51 |
| 억새꽃 | 52 |
| 초가집 | 53 |
| 올무 | 54 |
| 물수제비 | 55 |
| 허무한 세월 | 56 |
| 추억 | 57 |
| 능소화 | 58 |
| 지름길 | 59 |

코스모스 60
차 한잔 생각난다 61

## 제3부  풋잠 같은 추억

환절기 65
천년 고찰 경주를 찾아서 66
풀벌레 67
화무십일홍 68
오월을 보내면 69
몇 킬로를 달릴까 70
한 줄의 시 71
썰물처럼 72
풋잠 같은 추억 73
동반자 74
봄빛 75
옹이의 마디 76

| | |
|---|---|
| 새 아침 | 77 |
| 명상 | 78 |
| 갈꽃이 시든다 | 79 |
| 봄 처녀 | 80 |
| 구름이 그리는 그림 | 81 |
| 선물처럼 | 82 |
| 눈 내리는 날 | 83 |
| 아쉬움 | 84 |
| 싱크홀 | 85 |
| 구름 한 점 | 86 |
| 안부 | 87 |

## 제4부  세월 한 장

| | |
|---|---|
| 인생 훈장 | 91 |
| 할배 할매들의 학교 | 92 |
| 만학도 | 93 |

| | |
|---|---|
| 동동 숲 이야기 | 94 |
| 어버이날 | 95 |
| 허무 80년 고난 80년 | 96 |
| 글봄 졸업식 날 | 97 |
| 세월 한 장 | 98 |
| 가는 길 어디 | 99 |
| 질곡의 세월 | 100 |
| 사랑의 둥지 | 101 |
| 일장춘몽 | 102 |
| 올가을은 | 103 |
| 시험 보는 날 | 104 |
| 잡지 못한 봄 | 105 |
| 기다리는 봄 | 106 |
| 거꾸로 그림자 | 107 |
| 비 온 뒤 | 108 |
| 무념무상 | 109 |
| 인생은 꿈 같다 | 110 |
| 꼴찌 인생 | 111 |

| | |
|---|---|
| 필연 | 112 |
| 세월 도둑 | 113 |
| 건망증 | 114 |
| 화마가 삼키고 간 봄 | 115 |

해설
| | |
|---|---|
| 여든에 만개한 시의 꽃 | 118 |

**박종현** 시인

# 제 1 부

필 땐 아프고 질 때는 더 아프다

# 낙엽 속 길 하나

뒷산 등산로에서 낙엽 하나 주웠다

세월이 지나간 숨은 길인 듯
작은 길 하나 뚫려 있었다

내가 걸어갈 길인지도 모른다

이 낯선 길 끝에 만날
아름다운 세상이 더 있을지 모른다

## 필 땐 아프고 질 때는 더 아프다


세상에 머물 시간이 조금씩 짧아질수록
맑고 곱게 마음을 가꾸어야겠다

때로는 삼키기 어려운 삶의 맛도
누가 뭐라 하지 않아도 괜스레 눈물이 난다

짧은 해는 기울어 가고
혼자 왔다 혼자 돌아가는
눈물 시린 가슴 여미며
그리움 안고 세월에 젖어본다

필 땐 아프고 질 때는 더 아프다

# 가을날

하늘에는 솜털 뭉게구름 한가로이 떠 있고

바람은 산들산들 춤추며 지나가고

낙엽들 하나둘 모여서 놀고 있다

아래쪽 바다는 은비늘을 접었다 폈다

제 몸 자랑이라도 하듯 재주를 부린다

## 시간 주워 먹기

나무는 무성하게 제 몸을 감추지만
희희낙락하는 우리들은 지난날을
뒤돌아볼 겨를도 없이 시간만 허비하고
그 시간이
내 시간인 줄 몰랐다
먼 꿈을 더듬던 고적한 밤에
머무르지 말고
잠시 쉬어가는
세월에 젖어본다

# 미운 짐

흰 구름 흘러가듯 내 삶도 변해간다
바람이 구름 안고 구름은 바람 지고

귀뚜라미 구애 소리 가을밤이 녹는다

미운 짐 내려놓으니 마음까지 가볍다

# 우리 마을 지킴이
―송정 보호수

우리 마을 보호수 팽나무는 수령 400년 정도 된
한 해 농사를 점치는 신비로운 나무다

팽나무 잎이 한꺼번에 피면
비가 때를 맞춰 와
모내기를 일찍 해서 풍년이 들고

팽나무 잎이 한꺼번에 피지 못하면
비가 제때 오지 않아 흉년이 든다고 한다

마을 사람들은
지금도 풍년과 흉년을 예견해 주는
팽나무를 당산으로 모시고 산다

# 두고 온 고향

성지산 백운산이 마주한 양쪽 마을 가운데로
냇물(川)이 자로 흘러 지형이 자 척(尺)자 같다고
척곡이라고 불리는 마을

성지산은 그 옛날 성지도사가 다녀가셨다 해서 성지산이고
백운산은 흰 구름이 꼭대기에 머문다 해서 백운산이라 불린

서쪽 마을에 몇백 년도 넘는
큰 정자나무가 있어 쉼터가 되기도 하고
가지에 그네를 매어 추천놀이도 하던
정겨운 내 고향

어느새 지난 세월 아득한 추억에
두 눈을 감고 명상에 젖어보니
고향의 숨결이 느껴진다

## 친정집

친정집 마당에 이방인처럼 들어서니
잡초가 무성히 마당을 차지하고
웅크리고 앉은 정들었던 집
내 발걸음 소리에 흠칫 놀란다
그냥 돌아 나오려니
개망초 흰 꽃이 발길을 가로막는다

감나무 위에서 비둘기 한 쌍이
잘 가라고 구구구 인사를 한다

너마저 없었다면 얼마나 슬펐을까?

# 거류산

비단 안개 뿌려진 거류산 자락에
떡갈나무 오리나무 찰 밤나무
은회색 물결 속에 갇혀 있다

늘 그 자리 우직하게 지키며
사계절 변화를 몸소 보여주는

오늘도 미소 가득 띤
거류산 정상에 희망의 해가 뜬다

# 설 야

눈이 내린다
고요한 밤 소리 없이
아무도 몰래 저 혼자 대지 위에 내린다

흰 눈이 내리는 밤이면
화롯가에 마주 앉아 군밤 구워 먹으며
할머니가 들려주시던 옛이야기 듣다
나도 몰래 스르르 잠이 들던 밤

산도 희고 들도 희고 모두가 하얀 세상
그야말로 월백 설백 천지백이던 밤이었다

# 길 쌈

동지섣달 긴긴밤에 물레 돌려 실을 뽑아
날줄 씨줄 갈라 늘려 베틀 위에 걸쳐놓고
눈물 한숨 졸음 섞어 씨줄 날줄 다져 넣어
한치 두치 늘어나서 무명 한 필 말아지네
백설같이 희어지게 양잿물에 내려 삶아
햇볕에 바래기를 열두 번을 족히 하리

# 풍 경

산들바람에 보리 물결 넘어졌다 일어서고
한가로운 구름은 산 모양을 만들고
빼곡한 나뭇잎은 마을을 감추네

골목마다 장다리꽃 향긋한 냄새
봄바람 저물녘에 부슬부슬 뿌리는 비

## 엄마의 노래방


울 엄마 물레는 요술쟁이
엄마의 한숨은 노래가 된다

찰가닥찰가닥 베틀 장단에
동짓달 긴긴밤을 짧다고만 하셨다

## 수련

초록빛 색지 위에 멋대로
그려놓은 핑크빛 물결

바람이 향기를 풀어 놓으니
웃음꽃이 그칠 줄 모른다

# 무지개

산허리에 오색 천 펼쳐놓았다
누구의 작품인가 예쁘기도 하다
한 가닥 싹둑 잘라 와
고운 님 목도리 만들어 드릴까

## 초롱꽃

그리운 임 오시는 길
청사초롱 밝히고
오늘도 손꼽아
기다리고 섰다

# 분 수

은빛 물줄기 긴 그림자 내리고
저 높은 하늘로 영접 간다

물안개 피어나는 정겨운 고향
길 떠난 나그네 발길이 머문다

# 모래성

파도 소리 처얼썩
흰 갈매기 날갯짓하는
쌓은 세월 몇 날이냐
해안 풍경 절경이다

나, 한세상 쉬었다 가리

# 민들레

어느 봄날 양지마을 어르신

저 넓은 대지를 향해
제각각 길 떠날 채비를 한다

# 늦가을

샛노란 은행잎이 애처로이 떨어져
이리저리 갈 길 잃고 헤맬 때

손에 닿을 듯한 가을 하늘에는
기다랗게 가로질러 피어나는
새털구름 무심히 흘러간다

부지런한 계절은 덧없이 지고
가을은 홀로 아득히 멀어만 가네

## 설날 풍경

까치 까치설날은 언제였던가?
색동저고리 꼬까신은 까마득히 잊히고

섣달그믐 날이면
쿵더쿵쿵더쿵 떡방아 찧어
시루 한가득 떡을 빚던 울 엄마

설날 아침 짝을 지어 다니면서
세배 인사 정겹던 풍습도 추억 속으로 사라지고

정월 대보름이면 오곡밥과 오색나물
이웃끼리 나누어 먹던 내 고향 미풍양속

한 가닥 남은 희망 메시지
새해 복 많이 받으세요. 건강하세요! 인사 나누는

갈 길 바빠 쉬어갈 틈도 없는 이 시대

나 홀로 덩그러니
다시 침묵 속으로 돌아간다

# 시골 오일장

시골 장날은 언제나 시끌벅적 정이 넘친다
고향의 정을 느끼게 하는 시골 장터
볼거리, 먹을거리 인심 푸짐한 사람 향기 나는 곳
오랜만에 만난 친구와 막걸리 한 사발에
쌓인 회포도 풀고 인생살이 꽃을 피운다

시골 할머니의 야무진 손끝은 남새밭의
갖가지 푸성귀를 이고 지고 나오셔서
한푼 두푼 내 주머니 배 채우는 게 좋아
굽은 허리로 힘든 줄도 모르시고
손주들 용돈 주는 게 재미가 있으시다며
꽃무늬 일바지 사 입고
멋지게 폼도 낸다

## 대답 없는 봄

봄이 저물어 돌아가려 하니 보내지만
꽃만 거두어 가는 게 아니고
우리네 청춘도 함께 가져간다

내년 봄이면 꽃은 다시 붉게 피겠지만
내 고운 얼굴은 되돌아오지 못한다
물어봐도 대답 않고 그냥 가버린다

## 만겹청산

만 겹의 푸른 산은 하루종일 말이 없고

일 년같이 밤은 길어 달은 이미 기우는데

섬돌 아래 귀뚜라미 혼자 쓸쓸히 울어

좋은 시절 한순간에 그냥 보내기 아쉬워라

# 제 2 부

## 무정한 봄

## 젊은 날의 약속

젊은 그날은 잠시 태어난 저 뭉게구름처럼
쉼 없이 흐르는 저 강물처럼

그날의 속삭임도 세찬 바람결에
흘러가면 지킬 수 없는 약속들

되돌아올 수 없는 저 강물에 비친
이른 봄 진달래 잠시 져버린 꽃 그림자

# 고성 제1의 못, 대가저수지

옅은 물안개가 자욱하게 피어나는
일급수를 품고 있는 고성 제1의 못, 대가저수지
고성평야를 풍요롭게 만들어 주는 고성의 젖줄
우리 고장을 살찌우는 제일의 농업용수

물결 출렁이는 기슭에는 실버들 오리목 벚꽃나무와
키 작은 꽃들이 줄지어 피고 지는 내 고향 풍경

여름이면 국제 카누대회 연습장으로 성황을 이루고
겨울이면 철새들 떼를 지어 물 위를 수놓는 곳
넓고 깊은 저 물 위에 저녁노을 붉게 타오른다

유서 깊은 대흥초등학교 교정엔
봄이면 벚꽃이 만발하고
유흥리 십 리 벚꽃길도 우리의 자랑거리다

오늘도 유유히 흐르는 대가저수지
많은 생명체 키우며 뭇 이야기 전하고 있다

# 퇴근 도장

붉은 노을이 서녘 하늘에
찍어놓은 퇴근 도장

뒤돌아볼 겨를도 없이
시간 주워 먹기 바쁘다

# 우수 절기

우수 경칩이 지나니
저만치 봄이 오는 소리

꽃샘추위가 기승을 부려도
찬 기운 속에서 매화꽃이 흐드러지게 피는데

심술궂은 비바람이 쏴—아 하고 불어오면
꽃잎이 눈꽃처럼 우수수 떨어지니
이 시기를 우수절이라 하는 것 아닐까

양지바른 언덕배기에
쑥과 냉이 머위가 빼꼼히 고개를 내밀며
봄소식을 먼저 전해 준다

## 오디의 일생


가녀린 손마디 마디 끝에
어느새 꽃망울 맺히더니
살가운 햇살 받아 송알송알 달려 있네

초록, 빨강, 검정 옷으로
매 순간 바꿔 입고

허기진 이를 위해
기꺼이 전부를 내어주는 삶

혀끝에 닿는 달콤함에 쭈그러진 내가 씹힌다

## 달님과 별님

늦은 밤 홀로 하늘을 보니
달은 나뭇가지 사이에 숨어
숨바꼭질한다

반짝이는 무수한 별들은
시샘이나 하는 듯 초롱초롱
불 밝히고 반가운 인사를 한다

나도 저 하늘 구름이 되었으면
달님과 별님 품고 한가롭게 놀아볼 텐테

## 무정한 봄

계절이 바뀌는 것은 흘러가는 물 같아라

이 봄을 잡고 싶어도
머물지 않을 봄을
살며시 내려놓고 떠나보낸다

내년 봄이 돌아오면 꽃은 다시 피어나겠지

내 봄에게 물어보네

# 할미꽃

먼 산 쑥국새 울음소리 적막을 깨우고
언덕 위 무덤가 외로운 할미꽃
고개 숙여 수줍게 피어난다
새순같이 부드럽고 연하기도 하지만
천만 가지 꽃 중에 이름마저 서글픈 할미꽃이 되었다
애틋함을 가진 할미꽃은 각박한 현실에
묵묵히 자리 지키는 여인의 넋이런가

임 묻힌 무덤가에 한 무더기 꽃이 되어
가는 봄이 아쉬운지
쑥국새 벗 삼아 쑥국쑥국 울음 운다

# 가을비

아련한 추억 한 장 부질없는 세월 잡고
황금 들판 허수아비 손 흔들다 젖는다

스산한 가을바람 문풍지 흔드는 소리
하나둘 낙엽 되어 그리움 부르는 소리
구슬픈 풀벌레 소리

가을비에 다 젖는다

## 겨울 단상

한 해가 저물어 가는데
텅 빈 산에 함박눈 흩뿌린다

마른 나뭇가지 바람에 흔들리고
추위에 떠는 새, 갈 곳 몰라 헤맨다

창밖엔
북풍한설 몰아치고
바람은 종일 창문을 때린다

# 개망초

여름을 먹고 자란 개망초는
수풀처럼 출렁이고

바람 타고 흘러든 개망초는
주위의 따가운 시선에도 아랑곳없이
꽃향기를 잔뜩 품고 웃고 산다

## 허 무

가을이 깊어지면 바닥에 나뒹구는 낙엽
참새 떼 종종걸음으로 겨울이 다가오면
바스라질 것 같은 한 잎 허무
창을 두드린다

# 길동무

무성한 잡초들이 키를 재듯 서 있고
힘에 부친 관음송도 세월을 못 이기고

썰물처럼 떠나고 다가오는 햇빛은
길동무 하나 불러내어 걷는다

## 억새꽃

꾸불꾸불 힘겹게 정상에 올라서면

철새는 줄지어 하늘에 수를 놓고

순은 빛 반짝이는 억새꽃

적막을 깨우고

구름도 바람도 길 따라 흘러간다

## 초가집

풀잎 끝 하얀 미소 산산이 부서지면
갈바람 물을 건너 먼 길을 떠나는
혼자서 찾아가는 산기슭 초가집에
시간도 가던 길 멈추고 하늘가를 맴돈다

## 올 무

비우면 편해진다 생각은 하면서도
또다시 주워 담는 생의 굴레길

스스로 올무에 묶인 시간들을 붙잡고
해 질 녘 홀로 긴 시간 덩그러니 앉았다

# 물수제비


돌멩이 하나 주워 멀리 힘껏 던져보면
신명 난 물수제비 불꽃으로 끓는다

시간 속 멈춰버린 날들
하나둘 잠긴다

## 허무한 세월

곱디고운 내 모습 종합병원 되어도
옛날의 그 마음은 변함이 없는데

숱한 얘기 남겨진 길 따라
내년 봄 꽃 피는 계절이 돌아오면
내 마음에 묻힌 추억 하나씩 꽃피워 보리다

# 추 억

마음 포개어 불고 간 바람처럼
영원한 화석이 되어버린 그리움

애태우는 마음
조심스러운
세월만 담는다

## 능소화

언제나 오시려나 기약도 없는
주인 떠난 빈집 지키며 쓸쓸히 피었다

외로움을 견디느라
생의 줄기
더 많이 끌어안았을 너

# 지름길

그때는 내가 왜 이 길을 몰랐을까?
다른 길을 걸었으면 지금쯤
어디에 와 있을까?

홀로 서지 못해서
홀로 설 수 없어서
바닥만 치고 놓쳤던 길

열지 못한 비상구

## 코스모스

가을볕 기다리다 목이 길어진 너
상그레 떠오르는 그리움 안고

수줍어 얼굴 붉히는 가을 소녀
산들바람이 달래주고 간다

# 차 한잔 생각난다

유리창에 빗물처럼 맺힌 슬픔
오늘따라 초여름 비가 진종일 내린다

계절을 잊게 하는 문턱에서
물안개 피어나는 잊었던 내 고향
차 한 잔의 여유가 나를 녹인다

# 제 3 부

## 풋잠 같은 추억

# 환절기

긴 겨울 빠져나가는 길목에서
봄을 가져다 놓았네

춥다 추워하면서 발을 동동 구르던
겨울의 언어들은 어느덧 사라지고

세월의 조각보가 따뜻한 새봄을
한 보따리 풀어 놓더니

산과 들은 푸른 녹색 물감으로
수채화를 그린다

# 천년 고찰 경주를 찾아서

우리나라 3대 사찰에 속한 불국사
통일신라시대 경덕왕 10년
미래, 현재가 공존하는 불국토

불생불멸 천년 고찰 문지방 넘어
수많은 중생의 발자국 수행길 든다

우거진 송림 가득한 법당에
세월 부르는 엄중한 염불 소리, 목탁 소리
석가탑 다보탑 마주 보며 천년을 지키는데

영겁의 세월 참선으로 보듬어
경내 탑돌이 하며 합장하는 여인들
수려한 토함산 자락에 가득하다

극락으로
오늘도 그대 발길
부처님 본질 찾아 헤맨다

## 풀벌레

구슬프게 울어 울어
어둠에 찾아오는 이 없는 풀숲
초롱초롱 별님 모시고
따뜻한 달님 모시고
더 지켜야 할 무엇이
있기라도 한 것처럼
울음소리 낮추어 영혼을 깨우고
다시 밤이 오기를 기다린다

## 화무십일홍

계절은 어김없이 잊지 않고 찾아준다

꽃은 피어 화산이요 잎은 피어 청산인데

보고파 한달음에 달려왔더니

비바람 스치고 간 자국마다 꽃잎이 진다

마음만 설레게 해 놓고

한 움큼씩 다 쏟아 놓고 떠난 자리

연둣빛 잎새들이 따스한 손길로 인사한다

## 오월을 보내면

신록이 무르익는 오월
산과 들은 온통 초록 옷 갈아입고 싱그러움 자랑할 때
멧비둘기 벗들 불러 울어 울어 지친 봄날
언덕배기 탐스럽던 찔레꽃도
언제나 그 자리를 지키는 키 작은 제비꽃도
아쉬움만 남기고 떠나버렸다

## 몇 킬로를 달릴까

가물가물 옛꿈이 추억으로 남아
먼 옛날 꾸었던 꿈은 안개 속으로 사라지고
넋두리 등에 업고
홀로 터벅터벅 걸었던 긴 터널
철길 위로 달리는 급행열차는
팔백이십 킬로를 달려가는데
따라가는 이 길이 숨가빠 못 가겠다

# 한 줄의 시

창밖에 밤비가 속삭이면
한 줄의 시를 생각하게 한다

내일이나 모레 어느 즐거운 날
나는
또 한 줄의 시를 쓰게 될 것이다

## 썰물처럼


말없이 숨겨놓은 지난날 사연
얼굴 타고 흘러내린다

모진 풍상 거슬러 견뎌낸 세월
하루아침에 내려놓고
썰물처럼 텅 비어 숙연해지면
저만치 저물어가는 쓸쓸한 길에
젖은 노을이 고개를 떨구고 간다

## 풋잠 같은 추억


풋잠 같은 추억들이 발을 동동 구를 때
애써 외면하며 슬픔에 잠길 때

기다림에 지쳐 아우성치는 밤
시간 속으로 쓰러지는 발걸음들

머물던 자리에 시간이 흐를수록
어둠에 찍힌 뒷모습 더욱 붉게 타오른다

## 동반자

가진 것 없어도 성성한 몸으로
땅 위를 걸을 수만 있다면

내딛는 날들이 매 순간마다
잃어버린 꿈 찾아 걸음을 재촉한다

얼마나 좋을까
어깨 나란히 걸을 수만 있다면

# 봄 빛

바람조차 얼어붙은 언덕 위에
허공 깊숙이 뿌리내리는 외로운 나무들
가지 끝 푸른 잎새에 설레듯
들뜬 마음 묻은 채 숨 돌릴 새도 없이
마음을 열어 봄빛을 맞는다

## 옹이의 마디

마음속 파고드는 아픈 기억들
옹이의 마디처럼 새기고 또 새기고

시간 거슬러 가는 몸부림
이따금 방향을 바꾸는 심정
차마 한마디 말도 하지 못하고

## 새 아침

지칠 줄 모르는 세월에
서러운 자신을 힘주어 위로한다
긴 밤을 기억하는 알 수 없는 순간들이
넋 놓고 바라보던 불면

언제 그랬냐는 듯 아침이 밝아온다

## 명상

바람에 하늘거린 풀꽃을 보고
어스름 내려앉은 마을 밖 공터에
저 혼자 소슬한 별들을 훔치다가
한 줄의 글을 떠올려 보면서

이렇게 어설픈 시를 쓰면서
시라고
넋 놓고 잠시 생각에 잠긴다

# 갈꽃이 시든다

고목에 꽃이 피었어요
바위에도 피고요
구름 속에도 꽃이 피지요

한 줄의 세월 속 인연을 끊지 못해
해마다 갈꽃이 시드는 때면
차가운 달이 쓸쓸히 떠 있지요

# 봄 처녀

산 너머 남촌에는 벌써 봄 처녀가
긴 잠에서 깨어나 꽃단장을 마쳤대요

소쩍새는 밤새워 가며 울어대고
세월이 삼킨 너를 그리며
고목에 초록옷을 입힌다

## 구름이 그리는 그림


구름이 기분 좋으면 뭉게뭉게 꽃구름 피우고
가을바람 시원하게 불어오면 새털구름을 피우고
바람이 잔잔한 날은 공을 들여 비늘 단 비늘구름
화가 잔뜩 날 때는 시커먼 먹구름 피어 투정도 부리죠
슬플 때는 소낙비구름 만들어 눈물을 흠뻑 쏟아붓고
아이처럼 기분 풀리면 반짝하고 여우볕이 인사를 하며
먼 산에 일곱 빛깔 찬란한 무지개다리를 만들기도
그리고 해 질 녘 붉은 노을은 한낮보다 더 곱다

## 선물처럼

아이들은 앞만 보고 걷지만
어른들은 뒤를 돌아보며 걷는다
살아온 세월들이 뒤를 돌아보게 한다

밤이 내리고 별들은 마치
꿈속에서 보는 것처럼 말없이
달빛 아래 축제처럼 즐거움이
선물처럼 눈을 뜨게 한다

## 눈 내리는 날

푸른 산은 온통 소복으로 내려앉고
밝은 날 해님 보고 조문하게 한다면
햇빛에 녹아 떨어지는 낙숫물
가가호호 처마마다 눈물처럼 뚝 뚝 떨어진다

# 아쉬움

인생이 길다 해도 풀잎에 이슬 같아
유수 같은 저 세월은 어느 누가 잡아볼까?

백만장자 재벌가 돈으로도 못 잡는데
받아놓은 세월만큼 할 일은 태산이라

세상사 뒤돌아보니 못 배운 게 한이건만
시간마저 재촉하니 너나없이 쫓겨 가고
일장춘몽 한 세월이 어영부영 다 갔구나

# 싱크홀

파릇했던 기억도
새파랗던 청춘도

마지막 남은
앙상한 몸뚱이를
모두 집어삼켰다

## 구름 한 점

부지런한 계절이 피어서 지고
홀로 막바지 탐스러운 열매들을
달콤하게 익게 하고
손에 닿을 듯한 가을 하늘
구름 무심히 흘러간다

# 안 부

바람 불면 그 바람에 안부나 묻자

지나가는 바람을 잠시 붙잡고

흐르는 세월은 언제 멈추냐고

옛 모습 떠올리며 품었던 희망

# 제4부

## 세월 한 장

# 인생 훈장

세상에서 가장 길고 가장 힘든 길
또 가장 행복한 영광의 훈장
할머니 할아버지들의 얼굴에 새겨진 계급장

예고 없이 찾아오는 세월
흉터처럼 훈장처럼 자연의 섭리 앞에
할머니 할아버지들의 인생 이야기

춥고 힘들고 외롭고 지쳐도
때로는 즐겁고 행복했던 순간들 세어보며

억겁의 세월을 살아오면서
굳이 말하지 않아도 다 알게 되는

# 할배 할매들의 학교

백세시대를 살아가는 고즈넉한 고성도서관
배움을 채우려고 굳은 의지로 학교로 오시는
학생 어르신 살아온 이야기들 늘어놓으면
시가 되고 글이 되어 한 권의 책이 된다

선생님 따라 글자 익히고
노구에 찾아온 이곳은
우리들의 지상낙원이다

허리야, 다리야
평생 부려 먹은 몸
성한 곳 하나 없어도 열정은 솟는다

할배 할매들은
배우자 익히자
야무진 꿈 펼친다

# 만학도

시대를 잘못 만나 들다 만 책가방
아쉬움 품은 채 울고 간 세월에
묻어 둔 꿈 하나 고개를 든다

팔순이 되면서 늦은 공부로 무얼 이루겠다고
스스로 자문자답해 보면서
젊음에 못다 한 꿈을 이루는 황혼

매번 몸살을 앓아야 했던 시험시간
머리에 쥐가 나도록 쥐어 짜내면
모르고 살았던 지식이 조금씩 넓어져 간다

## 동동 숲 이야기

동동 숲에 새봄이 찾아왔어요
봄 처녀가 찾아와 꽃도 피우고 잎도 피웠어요

잠에서 깬 개울물도 졸 졸 졸 노래하며 흐르고요
산속의 온갖 새들 합창 소리 단잠을 깨워주네요

경칩 지난 개구리들도 힘찬 뜀박질을 하고요
그 속에 내가 끼어 있으면 한 폭의 그림이 될까요?
낙원이 따로 있나요
여기 동동 숲이 딱이네요

## 어버이날

세월도 무심하지
강산이 여러 해 변한
하늘 끝 저곳에 두 손 모아 기다릴 날들

우리 엄마 아버지
얼마나 불러보고 싶었던 단어였던가

허공에 띄워 보낸 세월
이제는 백발이 되어
그 정 애타게 그리워진다

## 허무 80년 고난 80년


팔순을 넘겨보는 숙명을 알면서
자꾸만 찾아오는 희미한 추억들이
뒤엉켜 몰려오고 지워지고
고삐 풀린 세월이라 가기도 잘도 간다

세상사 소통하며 걸어온 생명
한 줄기 별을 품고서 눈물 가린 가을밤

원고지에 시 한 수를 옮겨놓고
잔잔한 은빛 파도 서산에 올라앉아
날 오라 부르는 밤 어이 두고 갈까나

## 글봄 졸업식 날

아련한 추억의 뒤안길에 남몰래 눈물 흘린
배움에 목말라 허덕이며
신작로 길 걸어가던
그때가 오늘따라 그립다

이 이야기 들려주고파
자랑스러운 한 장의 사진이 나를 뒤돌아보게 한다
수많은 인고의 세월 속에 결실을 맺게 되니
감격의 더운 눈물 두 뺨을 적신다

# 세월 한 장

시간이 지나가면 달력 한 장 추락한다

떨어진 달력 한 장 유일한 벗이 된다

한 번 접고 두 번 접고 몇 번을 접다 보면
예쁘고 깨끗한 나만의 노트가 된다

하얀 노트 위에 검은 펜 하나 있으면
그림도 그리고 무엇이든 채울 수 있다

낙서도 푸념도 투정도
다 받아주는
나의 유일한 친구가 된다

# 가는 길 어디

한여름 쏟아지는 빗소리에 설렘이 가득하고
흐르는 물소리에 삼나무 숲길 신비롭다

떠도는 구름처럼 인생은 바람 속에
꿈 안고 길을 찾아 반세기가 흘렀건만
인생길 가는 길 알 수 없어라

청산에 배 띄워 정처 없이 흐르는
머무르다 가는 곳 그곳은 어디인고

## 질곡의 세월

변한 강산을 여덟 번이나 맞았는데
춘하추동 사계절은 몇 번이나 맞았을까

지난 세월 다 말 못 하고
가슴 저민 수많은 날
질곡의 세월 품었을지라도
온화한 숨결 저 멀리 소슬바람, 길 떠난 하늬바람
억새꽃 하늘하늘 춤으로 화답한다

## 사랑의 둥지

눈물과 웃음은 이웃사촌이라는데
일그러진 가시밭길 헤쳐 나간
아름다운 우리네 인생살이

덧없이 가는 세월도 비켜 간 나의 삶
인생은 육십부터라지만
그래도 팔순도 청춘이라고
삶이 아무리 힘들고 무거워도
경이로운 우리네 인생길이 열린다

## 일장춘몽

하얀 종이 위에 적어보는 이름들
무심히 흘러간 시간들

아무리 불러도 그리운 그 이름
세월 속에 잊혀갈 얼굴들

오늘도 뒤돌아본 지난 추억들은
뜨거운 눈물 되어 가슴을 울린다

훌쩍 가버린 삼 년, 배움의 그 세월도
모두가 일장춘몽 같다

# 올가을은

세월 참 빠르다
올가을은 유난히 더 빨리 지나가 버린 듯하다

중학생이란 명찰을 달고 보니
세상 보는 눈이 조금씩 달라지고
해 보지 못한 꿈들이 고개를 든다
고목나무에 꽃이 피듯이

공부도 때가 있는 법
이 나이에
의욕만으로 채워지지 않는 것은
그래도
아직 남아 있는 향학열이다

## 시험 보는 날

오늘은 학년말 시험 보는 날이다
학생의 본분으로 당연한 과제이지만
막상 시간이 되니
심장이 콩닥콩닥 널뛰기를 한다

시험지를 받아드니 지난날이 주마등처럼 스친다
그 시절은 저마다 푸른 꿈과 포부가 있었지만
지금의 우리들은 어떤 꿈을 꾸고 있을까

여든한 살의 늦깎이 학생은 머리를 짜내 보지만
돌아서면 잊어버리는 것이 다반사다
그래도 시간은 흘러간다

지나간 것은 지나간 대로 잊어버리자
내일이 있으니까

## 잡지 못한 봄

봄은 잡는다고 잡히지도 않는다
봄은 혼자 절대로 가지 않는다
내 청춘을 함께 데리고 간다

봄이 오면 꽃은 다시 핀다
고운 내 청춘은, 다시 올까

# 기다리는 봄

가물가물 등불은 내 것이 되고
이따금 개 짖는 소리만 들릴 뿐

산속은 매서운 한기만 쌓이는데
하늘은 별자리를 옮기며 새 계절을 연다

손꼽아 봄이 오기만 기다린다

# 거꾸로 그림자

거꾸로 서서 자태를 뽐내는데
세상만사 거침없이 비추네

바닷물이 그리운 듯 바람 따라 흔들리며
거꾸로 그려내는 자화상 하늘거려

제 모습 바라보며 무슨 생각 하고 있을까
명경지수, 오가는 이 발길 멈추게 하고

## 비 온 뒤

장맛비 그쳐 햇살 눈부신 날
유유히 떠가는 하얀 구름 둥실
졸졸졸 흐르는 냇가 물소리
무슨 말을 하고파 소리만 남기고
저리도 바쁘게 가고 있을까

# 무념무상

이리 생각하면 이렇고
저리 생각하면 저렇고 정답은 없더라
어차피 한세상 살다 보면 그냥 그러려니 하고 살다
이왕 왔다 가는 세상에
한 줌의 흙이 되어 돌아갈 길
때로는 모르는 척, 눈감는다

## 인생은 꿈 같다

돌아보면 어떻게 살아왔는가
이제는 얽매인 모든 삶 풀어놓고
단풍잎이 낙엽이 되는
가을 인생의 문턱 돌아다보며
아! 숙제 같은 인생 모두가 꿈만 같다

## 꼴찌 인생
—산 국

어디에서 무엇하고 있다가
봄여름 다 보내고
이제야 꽃으로 피어나 환하게 웃는가
해 뜨고 달 지는 내 고향 산촌
세월은 너를 두고 서산마루를 넘어간다

# 필 연

우연인가 필연인가 덤으로 사는 세상

산다는 게 뭔지 바람 불면 부는 대로
어느 구름에 비 들었는지 아리송한 인간사

추억에 흠뻑 젖어 바람처럼 물처럼
해 뜨고 달이 지는 내 고향 언덕 위에
반가운 까치가 울어주는 정겨운 아침

# 세월 도둑

모든 이가 잠든 사이 몰래몰래 숨어들어
한 달 두 달 일 년 이년 훔쳐 가더니
오늘 아침 일어나니 80년도 넘게 가져가 버려서
내가 쓸 시간이 조금밖에 없는 것 같아

어떡해

세월은 정말 나쁜 도둑놈이다

# 건망증

낯선 사람처럼 스쳐 간 뒤
문득 생각나 이름 부르며 붙잡아본다

같이 걷고 싶은 낯익은 사람처럼 다가가

아는 것도 읽고 나면 잊어버리는
기억력을 갉아먹는 무정한 세월

# 화마가 삼키고 간 봄

꽃도 잎도 피우지 못하고
시샘이나 하는 듯 할퀴고 짓밟아 버린

여기서 번쩍, 저기서 훌쩍,
손발도 없건만 너는 전광석화처럼
이산 저산 내달리는 불덩이

소중한 유산들 삽시간에 꿀꺽 삼키고
푸른 산도 정든 집도 잿더미로 만들며
한평생 일구어 놓은 터전과 재산
양심도 없이 마구마구 집어삼켜 버린

화마가 남기고 간 아픈 봄날이다

해
설

여든에 만개한 시의 꽃

**박종현** 시인

| 해설 |

# 여든에 만개한 시의 꽃

**박종현** 시인

### 세상에서 가장 아름다운 꽃

'꽃은 지는 것을 두려워하는 것이 아니라 피우지 못하고 죽는 것을 두려워한다.' 철학자 강신주 교수가 말한 인생에 대한 잠언이다. 많은 사람에게 큰 울림을 주는 말이다. 모든 사람은 죽음을 두려워하지만, 자신이 살아있는 동안 어떤 삶을 꽃피워야 할 것인가에 대해 고민하고, 그 삶을 꽃피우기 위해 어떤 노력을 해야 하는가를 걱정하는 사람은 많지 않다. 인생에서 가장 성공한 사람은 어떤 삶을 살아야 할 것인가를 고민하고, 그 '어떤 삶(꿈)'을 성취하기 위해 온몸으로 실행하며 산 사람이다.

그런 의미에서 제차순 시인은 이 시대에 가장 성공한 사람 중의 한 사람이라는 생각이 든다. 여든의 연세에도 시의 꿈을 놓지 않고 그 꿈을 이루어가는 과정에서 자신이 기울였던 노력만큼이나 기쁨과 행복을 성취했기 때문이다. 그 기쁨과 행복의 깊이와 폭이 곧 인생의 성패를 가늠하는 소중한 잣대가 된다고 여겨온 필자에겐 자신의 꿈을 실현하기 위해 노력하고 그 시의 꿈을 성취하면서 누린 행복이 제 시인을 세상에서 가장 아름다운 꽃으로 피어나게 한 것이 아닐까 하는 생각이 든다.

필자는 제차순 시인이 꽃피운 시의 속살을 들여다보기와 엿보기를 하면서 감동과 함께 행복한 시간을 누렸다. 필자가 누렸던 그 감동과 행복을 독자들과 공유하고자 한다.

## 시 속에 스민 삶의 지혜

필자의 고향은 안산과 뒷산 꼭대기에다 긴 간짓대를 하나 걸치면 맞닿을 정도로 작은 두메마을이다. 해가 뜨기도 전 들일을 나가 해가 진 뒤에야 집으로 오는 전형적인 농촌이다. 들일이 싫어 고향을 떠나는 것이 어린 시절 필자의 꿈이었다. 어른이 되면서 자연스럽게 그 꿈이 이루어졌고, 나이가 여든을 넘긴 지금, 필자의 꿈 중 하나로 자리 잡은 것이 고향으로 돌아가는 것이다. 물리적인 공간인 고향으로의 귀향은 여러 가지 여건상 어렵게 되었지만, 필자를 키워준 고향에 대한 추억과 그 문화를 그리워하며 살아가는 것으로 만족하고 있다.

'한 아이를 키우려면 온 마을이 필요하다'라는 아프리카 속담처럼 필자를 성장시켜 준 고향은 필자에겐 지혜의 공간인 도서관이면서 추억을 엮어준 울타리다. 고향에서 들일을 할 때, 시간을 아끼고 일의 능률을 높이기 위해 집에서 마련해 온 점심이나 새참을 들에서 먹었다. 그때 일꾼들은 음식을 먹기 전에 먼저 고수레부터 했다. 그 고수레의 유래는 확실하진 않지만, 조선 숙종 때 북애자가 저술한 《규원사화揆園史話》에 의하면 "옛날 사람들에게 불을 얻는 방법과 함께 농사짓고 수확하는 법을 가르쳤던 고시씨高失氏가 있었는데, 후대에 들에서 농사짓고 나물 캐던 사람들이 고시씨의 은혜를 잊지 않고 밥을 먹을 때 맨 먼저 밥 한술을 떠서 농사를 가르쳐 준 고시씨의 영혼이 머무는 들에다 '고시네'하고 뿌렸던 것에서 유래했다."고 한다. 그 '고시네'가 '고시레', '고수레'로 변형되었다는 설이 있다.

이러한 '고수레'의 유래가 정설인지는 잘 모르지만, '고수레' 행위에는 우리 조상들의 지혜와 삶의 가치관이 담겨 있다. 들일을 하며 굶주린 상태에서 급히 음식을 먹다 보면 체하기 십상이다. 잠깐의 여유를 갖고 고수레를 함으로써 음식을 급하게 먹다가 체할지도 모르는 불상사를 막고자 하는 조상의 지혜가 고수레에 담겨 있다. 그리고 들녘에 사는 미물들에 음식을 나눠주는 인정과 함께 뭇 생명의 목숨을 소중히 여기는 생명존중사상을 실천궁행하는 가치관이 고수레에 담겨 있다.

제차순 시인의 시집 《필 땐 아프고 질 때는 더 아프다》에는 '고수레'에 담긴 삶의 지혜와 따뜻한 인정을 담고 있는 작품들이 많다. 여든의 연세에 첫 시집을 펴낸 제 시인은 자신이 살아온 인생사와 경험을 시로 표현하되, 그 속에 삶의 지혜와 인정을 은은하게 녹여 놓았다는 점이 매우 이채롭다. 시를 읽는 독자들로 하여금 이성적 지각과 함께 정서적 감동을 동시에 느끼게 하는 묘약을 건네고 있다.

> 우리 마을 보호수 팽나무는 수령 400년 정도 된
> 한 해 농사를 점치는 신비로운 나무다
>
> 팽나무 잎이 한꺼번에 피면
> 비가 때를 맞춰 와
> 모내기를 일찍 해서 풍년이 들고
>
> 팽나무 잎이 한꺼번에 피지 못하면
> 비가 제때 오지 않아 흉년이 든다고 한다

> 마을 사람들은
> 지금도 풍년과 흉년을 예견해 주는
> 팽나무를 당산으로 모시고 산다
>
> —〈우리 마을 지킴이-송정 보호수〉 전문

 '팽나무 잎이 한꺼번에 피면/ 풍년이 들고, 팽나무 잎이 한꺼번에 피지 못하면/ 흉년이 든다'는 말을 연세 높은 어른들로부터 자주 들었을 것이다. 어쩌면 마을 사람들이 그냥 한 말일 수도 있지만, 그 속에는 삶의 경험과 과학적인 근거가 녹아 있는 우리 조상들의 지혜가 담겨 있는 말이다. '비가 때를 맞춰 와/ 모내기를 일찍 하'면 풍년이 들고, '비가 제때 오지 않아 모내기 철을 놓치면 흉년이 든다는 것은 삼척동자도 알고 있는 지극히 평범한 진리다. 이처럼 평범한 진리를 시 속으로 끌고 와 '팽나무'를 '풍년과 흉년을 예견'해 주는 신령스러운 존재로 자리매김하게 해서 마을 사람들로 하여금 불변의 진리로 믿게 해 놓은 문학적 비범성이 드러나 있는 표현이다. 신령스러운 예견 능력을 지닌 당산나무인 팽나무를 매개로 끌어들여 평범한 소재가 지닌 특성을 불변의 진리처럼 인식케 하는 매직을 발휘한 것이다. 이처럼 제 시인의 시는 일상적 소재에다 삶의 지혜를 녹여 놓고 있다.

이리 생각하면 이렇고
저리 생각하면 저렇고 정답은 없더라
어차피 한세상 살다 보면 그냥 그러려니 하고 살다
이왕 왔다 가는 세상에
한 줌의 흙이 되어 돌아갈 길
때로는 모르는 척, 눈감는다

—〈무념무상〉 전문

경험과 연륜이 녹아 있는 시다. 인생에서 어떻게 살 것인가에 대한 정답이 있다면 그 정답을 좇아 인생길을 걸어가면 얼마나 편하고 안전하겠는가? 안타깝게도 인생에는 정답이 없는 것이 정답이다. 그래서 '그냥 그러려니 하고 살'아가는 것이 정답 없는 답에 대한 대안인지도 모른다. 그래서 '때로는 모르는 척, 눈 감는' 것이 답이 될 수도 있다. 이것은 학문적 학설이나 철학적 논쟁을 염두에 두고 한 말이 아니라, 사람이 살아가는 일상사를 두고 한 말이다. 지극히 단순한 답이지만, 현명한 답이다. 경우에 따라 모르는 척 눈감고 넘어가는 것이 세상을 빛나게 하는 일이란 걸 시인은 익히 알고 있었던 것이다. 어쩌면 제차순 시인의 살아온 연륜에서 얻은 지혜가 아닐까 하는 생각이 든다.

아이들은 앞만 보고 걷지만
어른들은 뒤를 돌아보며 걷는다

―〈선물처럼〉 앞부분

'아이들은 앞만 보고' 걷고, '어른들은 뒤를 돌아보며' 걷는다는 말은 '아이들은 꿈을 먹고 살고, 어른들은 추억을 먹고 산다'는 말과 유사한 의미를 가지고 있다. 하지만 '어른들은 뒤를 돌아보며 걷는다'는 표현 속에는 '어른들은 추억을 먹고 산다'는 추억을 되새김질한다는 의미를 넘어서 불교에서 말하는 반야般若, 즉 지혜가 담겨 있음을 의미한다. 뒤를 보면서 자신의 삶을 반추하고 참회한다는 것은 남은 삶을 더욱 아름답게 가꾸는데 결정적인 영향을 준다. 제 시인이 말하는 '뒤를 돌아보며 걷는다'는 것은 추억에만 젖어 산다는 것이 아니라, 자신을 돌아보며 남은 삶을 보다 알차고 행복하게 살아갈 지혜를 얻기 위한 행위임을 짐작해 낼 수 있다.

봄이 저물어 돌아가려 하니 보내지만
꽃만 거두어 가는 게 아니고
우리네 청춘도 함께 가져간다

―〈대답 없는 봄〉 1연

체념에는 미련과 아쉬운 감정이 담겨 있어 자신을 아프

게 하지만. 달관은 인생의 진리를 꿰뚫어 보아 사소한 일에 집착하지 않고 넓고 멀리 바라보면서 현실에 대한 아픔을 뛰어넘어 관조할 줄 아는 힘을 가진 사고행위다. 제 시인의 시 〈대답 없는 봄〉은 겉으로 보기엔 계절의 변화에 대한 체념이 드러난 것처럼 보이지만, 그 행간에는 저물어가는 봄과 자연의 섭리에 순응하는 삶의 달관이 배어 있다. 이러한 달관에는 허무함보다는 새로움에 대한 기대와 꿈이 담겨 있음을 엿볼 수 있다. 이것이 바로 제 시인이 시를 통해 독자들에게 건네는 삶의 지혜다.

### 허무를 딛고 달관과 재생을 꿈꾸다

> 모란이 피기까지는
> 나는 아직 기다리고 있을 테요 찬란한 슬픔의 봄을
> ―김영랑의 〈모란이 피기까지는〉 마지막 연

김영랑 시인은 모란이 필 때까지 봄을 기다리고 있겠다는 희망과 의지를 드러내 보이고 있다. 간절히 기다리던 봄을 맞이하는 순간 그 봄은 찬란하면서도 슬픈 봄이 된다. 즉 간절히 이루고자 하던 꿈을 이루는 순간, 그 꿈은 사라지기 때문에 '찬란한 슬픔의 봄'이라고 표현을 해 놓았다. 정말 절묘한 표현이다. 그런데 김영랑 시인은 봄을 만나면, 봄이 금방 사라져버릴 '슬프고 허무한 봄'인데도 그 봄을 끝까지 기다리겠다는 의지와 희망을 강하게 나타내 보이고 있다. 어쩌면 꿈(봄)을 이루었을 때의 그 허무함을 밑거름으로 삼아 새로운 꿈(봄)을 이루고자 하는 재생의 의지가 강하게 드러나 있음을 알 수 있다.

제차순 시인의 시편들에서도 인생의 허무함과 새로운 인생에 대한 도전, 재생의 의지가 드러나 있는 작품들이 많다. 여든 해를 살아오면서 겪은 수많은 눈물과 아픔을 그냥 눈물과 슬픔으로 가슴속에 담아두지 않고 그것을 진주로 재생한 시편들을 보면서 제 시인의 뛰어난 시적 역량을 헤아릴 수 있었다.

> 뒷산 등산로에서 낙엽 하나 주웠다
>
> 세월이 지나간 숨은 길인 듯
> 작은 길 하나 뚫려 있었다
>
> 내가 걸어갈 길인지도 모른다
>
> 이 낯선 길 끝에 만날
> 아름다운 세상이 더 있을지 모른다
>
> ―〈낙엽 속 길 하나〉 전문

모든 인간은 새로운 세계를 꿈꾼다. 그 새로움에 닿게 하는 매체가 길이다. 그 길은 그냥 앞에 놓여 있는 것도 있지만, 없는 길을 스스로 열어가야 하는 경우도 있다. 〈낙엽 속 길 하나〉에서의 길은 '숨은 길'인 듯하면서도 자세히 바라보면 뚫려 있는 '작은 길'이다. 등산로에서 인생의 가을을 닮은 낙엽 하나를 발견하곤 시인은 자신과 동일시하게 된다. 그런데 낙엽을 보면서 허무와 절망을 떠올린 것이 아니라, 숨은 듯 뚫려 있는 새로운 길 하나를 발견한다. 시인은 그 길이 자신이 걸어갈 길임을 인지하고 그 '낯선 길 끝'에 펼쳐질 '아름다운 세상'을 만나기 위해 도전장을 내민다. 허무를 딛고 새로운 삶을 펼치고자 하는 재생의 의지와 함께 희망적인 메시지를 선명하게 드러내 놓고 있다. 이것이 제 시인의 시가 건네는 힘이다.

　　　시간이 지나가면 달력 한 장 추락한다

　　　떨어진 달력 한 장 유일한 벗이 된다

　　　한 번 접고 두 번 접고 몇 번을 접다 보면
　　　예쁘고 깨끗한 나만의 노트가 된다

　　　하얀 노트 위에 검은 펜 하나 있으면
　　　그림도 그리고 무엇이든 채울 수 있다

낙서도 푸념도 투정도

다 받아주는

나의 유일한 친구가 된다

—〈세월 한 장〉 전문

  달력은 과거이면서 현재, 그리고 미래라는 시간을 담아 놓은 공간이다. 달력이란 공간에는 매우 강력한 생명체인 시간이 살아 움직이고 있다. 그 살아 있는 시간인 달력은 한 달이 지나면 과거 시간인 주검이 된다. 그 추락한 달력 한 장은 과거의 시간이 되어 다시는 손으로 잡을 수 없는 존재가 된다. 우리는 다시 돌아갈 수 없는 시간의 등 뒤에서 허무와 무상을 느낀다. 제 시인은 그 허무와 무상인 '떨어진 달력 한 장'과 '벗'이 되기로 한다. 그 추락한 달력을 '한 번 접고 두 번 접고 몇 번을 접다 보면/ 예쁘고 깨끗한 나만의 노트'로 전이시켜 나만의 미래를 채워 넣을 수 있는 공간과 시간으로 되살려 놓고자 하는 강한 의지가 드러나 있다.

  한 달이 지나면 쓸모없이 된 달력 한 장을 나의 미래를 채우는 유일한 친구로 삼고자 하는 마음에서, 버려진 과거를 내일의 내 친구로 삼고자 하는 삶의 태도를 엿볼 수 있다. 허무를 재생의 이미지로 바꾸어 놓은 표현에서 김영랑의 '찬란한 슬픔의 봄'을 만났다.

세상에 머물 시간이 조금씩 짧아질수록
맑고 곱게 마음을 가꿔야겠다

때로는 삼키기 어려운 삶의 맛도
누가 뭐라 하지 않아도 괜스레 눈물이 난다

짧은 해는 기울어 가고
혼자 왔다 혼자 돌아가는
눈물 시린 가슴 여미며
그리움 안고 세월에 젖어본다

필 땐 아프고 질 때는 더 아프다
—〈필 땐 아프고 질 때는 더 아프다〉 전문

'세상에 머물 시간'이 짧아질수록 '맑고 곱게 마음을 가꿔야겠다'는 표현에서도 제 시인의 삶의 태도가 여실히 잘 드러나 있음을 볼 수 있다. 살아갈 날이 살아온 날보다 훨씬 짧다 할지라도 남은 날을 위해 자신의 삶을 더욱 아름답게 가꿔야겠다는 의지를 드러내 놓고 있다. 얼마 남지 않은 짧은 날을 생각하면 '괜스레 눈물이 나'고, '필 땐 아프고 질 때는 더 아픈' 마음을 헤아려 남은 삶을 허무와 무기력으로 보낼 것이 아니라, 희망과 재생의 에너지로 가득 채워 살아가겠다는 열망이 돋보인다. 그 '맑고 곱게 마음을 가꿔'가는 삶 중의 하나가 바로 시 창작이고, 그 시가 '질 때 더 아픈' 삶을 덜 아픈 삶으로 누그러뜨려 제 시인의 삶이 아름다운 무늬로 채색되길 바라는 마음을 가져본다.

> 붉은 노을이 서녘 하늘에
> 찍어놓은 퇴근 도장
>
> ―〈퇴근 도장〉 1연

퇴근, 직장인들에게 있어서의 퇴근은 기쁨으로 다가오지만, 인생에서의 퇴근은 슬픔으로 다가온다. 인생에서의 퇴근을 얼마 남겨 놓지 않은 시인은 삶의 퇴근길에서 바라본 서녘 하늘이 저녁노을로 붉게 물들어갈 때, 세상에서 가장 아름다운 풍경 하나를 그리고 싶었을지도 모른다. 어쩌면 가장 허무하고 무상한 순간에 세상 그 무엇보다 아름다운 풍경 하나 그리면서 여생을 살아가겠다는 신념이 담겨 있는 듯해 사뭇 경건해지기도 한다.

시 〈허무 80년 고난 80년〉에서도 '팔순을 넘겨보는 숙명을 알면서/ 자꾸만 찾아오는 희미한 추억들이/ 뒤엉켜 몰려오고 지워지고/ 고삐 풀린 세월이라 가기도 잘도 간다'처럼 허무함을 피력하면서도 '원고지에 시 한 수를 옮겨 놓고/ 잔잔한 은빛 파도 서산에 올라앉아/ 날 오라 부르는 밤'을 아름답게 펼쳐 보이고자 하는 삶의 태도를 드러내 보이고 있다.

이처럼 제차순 시인은 삶의 허무를 재생의 에너지로 전환할 줄 아는 마법사이자 연금술사다.

## 동심으로 빚은 인간 본연의 순수한 시 세계

제차순 시인의 시에는 순수한 동심이 배어 있는 작품들이 많다. 오늘날, 독자들에게 놀라움과 감동을 주는 시에는 참신한 소재와 시인의 독특한 안목을 통해 새롭게 발견한 세계를 형상화해 놓은 시들이 주류를 이루고 있다. 사물에 대한 새로운 세계의 발견을 제시한 시만큼이나 독자들을 놀라게 하고 감동을 주는 시가 바로 인간 본연의 순수성을 맑고 깨끗하게 드러낸 시다.

일본의 유명한 시인인 시바타 도요의 시가 전세계 사람들에게 감동을 준 것도 인간 본연의 순수한 세계와 함께 자신의 경험을 진솔하게 표현해 놓았기 때문이다. 제차순 시인의 시 역시 시바타 도요의 시처럼 순수함과 자신의 경험을 꾸밈없이 잘 표현한 시들을 만날 수가 있다. 대한민국의 시바타 도요라고 불러도 손색이 없을 만한 작품을 많이 빚어 놓았다. 순수한 영혼의 세계를 담았을 뿐만 아니라 연륜이 배어 있는 진솔한 내용을 표현해 놓은 제 시인의 시들은 깊고 고요한 감동을 건넨다.

겨울 산이 온통 소복으로 내려앉고
밝은 날 해님 보고 조문하게 한다면
햇빛에 녹아 떨어지는 낙숫물
가가호호 처마마다 눈물처럼 뚝 뚝 떨어지겠네

―〈눈 내리는 날〉 전문

영국의 계관시인 윌리엄 워즈워스는 시 〈무지개〉에서 '어린이는 어른의 아버지'라고 표현했다. 어린이의 맑고 순수한 마음은 우리 어른들이 닿아야 할 종착지인지도 모른다. 아니 궁극적으로 닿아야 할 정서적 종착지여야 한다. 그래야 시인이 꿈꾸는 세상이 탄생될 수 있다.

시 〈눈 내리는 날〉은 하얀 눈으로 덮인 겨울 산의 풍경을 두고 상喪당한 사람의 소복 입은 모습으로 비유해 놓았다. 다음 날 솟아난 해가 조문을 하러 오면 따사로운 햇살에 눈이 녹아 눈물을 뚝뚝 흘릴 것 같다는 내용이다. 순수한 동심의 눈으로 바라봤을 때라야 떠올릴 수 있는 세상이다. 특히 눈 내리는 모습을 '소복으로 내려앉다'라고 표현한 것은 정말 절창이다. 소복素服의 옷 색깔인 하얀색과 소복소복 눈이 쌓이는 소리가 절묘하게 잘 어울려 공감각적인 표현을 함으로써 시의 품격을 한껏 높여놓고 있다. 그리고 일반적인 조문이라면 슬픔과 경건한 마음으로 다가가야 하는데, 여기서는 가가호호라는 경쾌한 느낌을 주는 음운을 동원해서 조문의 분위기를 동심 가득 채운 밝고 환한 이미지로 표현해 놓고 있다. 대상을 바라보는 안목뿐만 아니라 그 표현 또한 매우 참신한 작품이다.

> 산허리에 오색 천 펼쳐놓았다
> 누구의 작품인가 예쁘기도 하다
> 한 가닥 싹둑 잘라 와
> 고운 님 목도리 만들어 드릴까
>
> ―〈무지개〉 전문

산허리에 선 무지개를 싹둑 잘라서 사랑하는 사람에게 목도리로 선물해 주고 싶다는 내용이다. 참으로 기발한 발상이다. 이 또한 순수한 동심으로 돌아갔을 때라야 성취할 수 있는 발상이다. 제 시인의 대상을 바라보는 탁월한 안목은 순수한 동심에 그 바탕을 두고 있다고 해도 틀린 말은 아닐 것이다. 무지개를 흔히 일곱 빛깔이라고들 한다. 그러나 그것은 서양에서 들여온 무지개색이다. 우리 고유의 무지개는 오색 무지개다. 우리 고유의 가치를 지키면서 참신한 세계를 표현한 발상이 매우 돋보이는 작품이다.

> 구름이 기분 좋으면 뭉게뭉게 꽃구름 피우고
> 가을바람 시원하게 불어오면 새털구름을 피우고
> 바람이 잔잔한 날은 공을 들여 비늘 단 비늘구름

화가 잔뜩 날 때는 시커먼 먹구름 피어 투정도 부리죠
슬플 때는 소낙비구름 만들어 눈물을 흠뻑 쏟아붓고
아이처럼 기분 풀리면 반짝하고 여우볕이 인사를 하며
먼 산에 일곱 빛깔 찬란한 무지개다리를 만들기도
그리고 해 질 녘 붉은 노을은 한낮보다 더 곱다
―〈구름이 그리는 그림〉 전문

  구름은 '기분 좋으면' 스스로를 '꽃구름'으로 피어나게 하고, '가을바람 시원하게 불어오면' '새털구름'을 만들어 놓고, '바람이 잔잔한 날'이면 '비늘구름'을 띄워놓고, '화가 잔뜩 났을 때'는 '먹구름'을 일으키고, '슬플 때'는 '소낙비구름'을 만들어 실컷 울어도 보고, '기분 풀렸을 때'는 '여우볕'을 쬐게 하여 '찬란한 무지개다리'를 만들어 놓기도 한다. 얼마나 근사하고 멋진 그림인가? 모두가 구름이 그린 그림이다. 시인의 다양한 감정이 구름에 이입移入되어 그림을 그린 이 세계, 순수한 동심을 가진 사람이 아니면 그릴 수가 없는 그림이다.

  이처럼 동심으로 바라본 세상은 어른의 눈으로 바라본 세상과는 사뭇 다르다. 일생에서 가장 순수하고 행복한 순간을 꼽으라면 바로 동심을 가졌을 때일 것이다. 어쩌면 제 시인은 동심으로 바라본 세상에서 살아가기를 갈망하고 있는지도 모른다. 그 순수한 마음이 인간 제차순을 시인으로 탄생케 했다고 생각한다.

## 충동과 박동이 시의 꽃을 피우다

파스칼 키냐르는 그의 저서 《옛날에 대하여》(문학과 지성사)에서 '충동은 의식이 충만한 삶이다. 삶은 비의지적인 반복이다. 충동. 박동. 이 두 가지가 멈추면 삶도 멈추게 된다.'(278쪽)고 했다. 물리적인 생명은 심장박동과 호흡이 멎으면 의사로부터 사망 판정을 받는다. 그러나 아름다운 꽃을 보고 정서적 충동을 느끼지 못한다면 그것은 정서적 죽음에 이른 것이다. 제차순 시인은 여든이 넘은 연세에도 시적 대상을 바라보면서 느낀 충동을 시로 표현하며 살아가고 있다. 물리적 생명뿐만 아니라 감동과 정서가 충만한 삶을 영위하고 있다. 이처럼 가슴 한가운데 정서적 충동을 안고 살아가는 제 시인이야말로 세상에서 가장 아름다운 삶을 살아가는 사람이 아닐까 하는 생각이 든다. 적지 않은 연세에도 많은 독자에게 정서적 충동과 감동을 건네주신 제 시인에게 감사의 말씀을 드리고 싶다.

나무와 풀은 특정한 계절에 꽃이 피지만, 사람은 언제 어디서나 자신을 진심으로 사랑하고 스스로가 하고 싶은 일을 성취하는 순간 꽃으로 피어난다. 여든 청춘을 살아가면서 새로운 꽃으로 피어난 제차순 시인께 진심으로 축하의 말씀을 드리고 싶다.

경남시인선 252

# 필 땐 아프고 질 때는 더 아프다
제차순 시집

**펴낸날**   2025년 10월 30일

**지은이**   제 차 순
**펴낸이**   오 하 룡
**펴낸곳**   도서출판 경남

**주소**   창원시 마산합포구 몽고정길 2-1
**연락처**   (055)245-8818, fax.(055)223-4343
**블로그**   gnbook.tistory.com
**이메일**   gnbook@empas.com
**등록**   제1985-100001호(1985. 5. 6.)
**편집팀**   오태민 | 심경애 | 구도희

**ISBN**   979-11-6746-204-6-03810

ⓒ제차순

＊잘못된 책은 바꿔 드립니다.
＊저자와 협의 인지 생략합니다.

값 12,000원